「発見！鳥居龍蔵の相続図書」

～人類学研究所　誕生の歴史～

鳥居 貞義 著

Parade Books

鳥居龍蔵人類学研究所　誕生の歴史

此処に記載されている内容は私（鳥居貞義）の父（鳥居貞雄）の相続記録に記載されている内容を転載しました。鳥居龍蔵博士は考古学・ドルメンの研究者として有名であるが、我が家に保存されていた古文「相続資料」によると、『鳥居人類学研究所』の構想が残されていました。（『中央公論』昭和六年十月　百三十六ページ）。偶然ですが、私が人類学研究所を開設すると二代目になります。即ち私が研究した「蒙古斑と指折り数える人類学研究」は私が二代目になります。

鳥居龍蔵と長男龍雄

鳥居龍蔵の長男龍雄は龍蔵の指示で若くしてフランスソルボンヌ大学に遊学したが流行していた肺炎に架り若くして病死したことは知られているが近隣諸国を訪問したことが日記に記されていました。更に鳥居龍蔵自身が「鳥居人類学研究所」設立についても具体的に書き残していました。これは極めて貴重な資料です。

更に鳥居龍蔵が幼児に徳島で体験したことを生活環境を含めて書き残していることは阿波徳島及び日本史を知るうえで貴重な資料です。

公表前に日本人類学会に報告します。

目次

私の幼年と当時のその世相

一

私は、もしも仮に帝大におったとしたならば、来年か再来年あたりは定年になる歳であって、故郷は実に阿波の徳島、町人の家に生まれたのである。私の住家は徳島市街中でも、新町川の流るるその中心地船場町であって、明和、安永以来からここに住まい、代々阿波藩の煙草司として、かつ煙草の大問屋であった。屋号は登利新《とりしん》と称し、その印はヘト（への下にト・証券会社の地図？記号）を附けた。巻き煙草が今日の如く、民俗つけてあるのを見たが、これもこの種のものであろう。化されるまでに、相当時間のかかっていることが知れる。

パン売の太鼓も鳴らず日の永き

（明治三十四年根岸病中）

ラムネ屋も此頃出来て別荘地
(明治三十五年)

葡萄酒の鉢の広告や一頁
(明治三十一年)

パン売りは、今は聞かず見ず、当時ラムネの流行面白く、サイダーやシトロンのない時代が推考出来る。葡萄酒の広告に一ページを費やしたのに驚いた、その時が、歴史的感想としてしのばれる。こは新聞一ページ大広告の先駆としての一つであろう。
子規の「武蔵野」の句としては、明治三十一年の、

武蔵野を見下す崖や花芒

こは理想派の絵画をみるようで、花合わせカルタの絵のようである。さらに子規の句として、東京に関係はないが、興味深く思われる句に、

紅梅や平安朝の女たち

以上は子規が、明治二十九年から三十五年までの間に作られた句であるが、いずれも東京の変化や、世相の変化を知るに最もよい資料である。氏は別に俳人として、感じを現わされたものであるが、こは今日から見ると、最もよい歴史的の句である。
汽車中、こんな起草をしている間に、奉天駅に到着しました。

（昭和五年九月四日午後三時汽車にて）

古い墓は寛政、天明の年号が刻まれているものが残っており、祖先の墓として、大日如来の尊像を石刻にしたものがある。
我が家が徳島船場に建築せらせない以前は、口碑によると、鳴門海峡沿岸にある撫養《むや》に住んでいたらしく、その以前は、阿波と一衣帯水の播磨の網干《あぼし》で一小城主あったが、落城後、武士がいやになり、町人となって、阿波海峡を渡って、阿波の撫養に移って来たものである。亡父はよく祖先探しに、撫養ら網干に行きたいといっておられたが、そのままになってしまわれた。

私の母は、家附きの娘であるが、父は板野郡榎瀬《えのきぜ》村から、養子に来られたのである。この榎瀬村はすこぶるローマンチックな所で、かの阿波の十郎兵衛もこのあたりのひとであった。父は同村古くからの「旧家」中川家で、その二男に生まれ、学問は無かったが、農はせず、専ら稗史《はいし》小説《しょうせつ》を読むことがすこぶる好きで、『太閤記』の如きは、三百六十巻あるものを、二、三十回も読んだといっていられた。また若い時には、畿内・中国・九州を漫遊せられた。

当時百姓は、書籍を今日のように買って読むと言うのでなく、貸本屋から借りて読んだもので、貸本屋は、本をおびただしく積んだ風呂敷包み、これを背に高く背負い、御得意の各家を毎日廻って、貸して行ったものである。これは江戸は言うまでもなく、国々にも、この原始的廻転移動図書館は行き渡り、徳川時代の文化は、これによって、各地に広められたものであった。

貸本は、馬琴・京傳あたりの版本もあったが、その他は多く写本であって、これによって、とにかく当時の平民文学は、何不自由なく、気ままに読まれたものである。父はこの図書館の御蔭で、子供の時から寺子屋に通うとともに、勉強したのであった。それから、近松や竹田出雲などの浄瑠璃本は、大概読破したばかりでなく、幼時から人形芝居を見ていたから、その道にかけてはちょっとした今日の近松研究家ぐらいの所に立っていた。こんなふうに、父は趣味に富んだ人であるから、養子に来ても、商売とともにこの趣味性をますます発達し、「蔵売りて日当りのよき牡丹かな」の句など自ら誦《しょう》して、非常に喜んでおられた。

二

母は家附きの一人娘であった。母の父新助の存在中は、兄弟は四人で、男子二人、女人は二人であった。そのうちで、新助は家を相続せられたが、その姉は藍屋町の酒問屋に嫁ぎ、妹は徳島市街から五里ばかり距たった、那賀川畔、中島の江戸船乗りの家（千石船数艘《そう》をもっていた）玉置家に嫁し、なお一人の利八郎は別家したのであった。

新助の妻は大小・白足袋御免の旧家服部氏から来た。この人は非常に美しい温和な女性であったが、私の母ただ一人を出産し、母の幼い時に他界せられたのであった。それから母は、父に育てられ、寺子屋に通い、当時町人の娘としての、ひと通りの教育を受けた。

三味線なども習ったそうであるが、あまりものにならずにしまった。母の祖母は、姉妹とともに、各々その性格のハッキリした人で、姉の方は身体は小柄であるが、色のすこぶる白い、美しく物織りであった。嫁に行って主人が亡くなり、家に帰って八十歳で亡くなられたが、彼女は当時のエンサイクロベヂアたる雑書類を常に手にしていて、女子の読むような本をよく読まれておられた。そして若い結婚した当時に、主人とともに伊勢詣りをし、その帰途買って来たという、鳴海絞りをながく保存してあった。若夫婦としての旅行は、その時代には、田舎としてすこぶる珍しかったそうである。私は、この理智ある女性から受けた感化は、すこぶる多かったと思う。

次に妹の方は、姉に比較し身長はやや高く、この人も理智に富んだ女性であった。そして三味線はすこぶる上手の所に達していられた。家が不自由のない江戸船問屋に嫁しておったから、直接江戸の絵入り本・錦絵・書籍類は、盛んにこの家に這入って来る便があったから、比較的江戸の事情に通じ、江戸気分に充満しておった。この家の主人の全盛時代には、江戸船で大変儲かったそうで、主人は石櫃《ひつ》内に、密かに小判を入れて、地中に埋めたというローマンスが、今も残っている。

この祖母は主人に亡くなられ、未亡人で生活しておられたが、その際、ここで錦絵や絵本類を、よく見せてもらった。今思うと、これらのうちに、今日高い値のするのもあった。またこの家は、千石船数艘《そう》で江戸が良いしておったから、遠州灘の破船や、海上大雪に出会したことや、それからそれと江戸時代航海のローマンスをよく聞かされたが、私は今日天竺徳兵衛の芝居を見ていると、なんだかこの祖母の話が思い出さるるのである。

三

私の家には番頭・小僧・女中など数多おったが、そのうちでも、今にも記憶に残っている人々が二、三人ある。今これらの思い出を記して見よう。私の五、六歳のころ、宅の下の新町川で、当時その所は新しいすこぶる傾斜した石段になっておった。私はここでただ一人、裏の門を出で、この石段の上で川に向って石を投げておったが、新しい雪駄をはいておったため、誤って滑り倒れ、石段からズルズルと川中へ転がって行き、今やまさに河中に這入り込もうとしていた所を、傍らに見ていた人が大声で、子供が川に落ち込んだと叫んだ。これを宅で聞きつけるや否や、女中のお石は、衣服を脱ぎ捨て腰巻きのままザンブと河中にとび込み、泳いで行って、私を抱いて宅につれて来た。この女は阿波の南端、海部郡の産で、海人の娘であるから、遊泳をよくするのであった。私はもしもこの女性がなかったならば、その時、すでに黄泉の人となっておったのである。私はいつもこの女性に対して感謝の念を忘れない。

五、六歳のころ、芳次郎という小僧があったが、これは髪結い職の子息であったが、温和で、なかなか役者の似顔絵をよくし、また芝居の小道具に興味を有し、かつ、菓子の折り箱や小板で立派に芝居小舎舞台を作るに妙を得ておった。私は同人から人形芝居の模型を作ってもらい、舞台も数種に使用せられるほどになっていた。三枚続きの役者絵は私の家にあるものを、大概すき写しにし、団十郎・菊五郎・左団次など、よくそのクセを描き出した。彼はよく私を背負い、城山や、その他につれて行って、その所の歴史や故事を話してくれたものであった。私はこの男から受けた感化は相当にあると思う。

彼の父は、髪結いであったから、その当時は町角の小さい家で髪を結っているのを、幼いながら見た記憶がある。髪を結ってもらう人は、手にこんな扇型の板を持ち、髪や頭を剃る際、受けておった。また髪結いは、日ごろこの男がいやなものであれば、髪を結って、しまいに、大箸のような細い金をもって髪の形を直すものがあるが、これで髪を直す真似をして、無暗《むやみ》に頭を叩く所などをも見た。髪は順番に結ってもらうのであるから、ここの髪結い床には、いつも二、三人の人がより集まり、種々の談話が交換されたが、こはかの三馬の『浮世床』を読むようであった。

祖母の縁附いた中島から、政兵衛という人が、私の家に来ておった。この人は私の幼年には五十余歳であったが、彼は徳川時代のいわゆる軍書通りで、『太閤記』・『難波戦記』・『眞田三代記』などよく知っており、また傍ら、一九の『膝栗毛』の類にまでも及んでおった。そして文字の心得も多少あった。徳川時代には、こんなタイプの人が多く町人にあった。彼はよく私にこれらの智識を面白く話してくれ、いつも彼と私は、弥次喜多になっておった。夜間燈火の下で、面白い話を毎夜続けて聞くのを、いつも待ち遠しいくらいであった。この人も私にとっては大切な人であった。

四

母は家附きの娘と、遺伝や一家の状態から影響したものと見え、父と同じくすこぶる趣味性に富んでいて、一方大まかな所があったけれども、また一方すこぶる几帳面の所があった。たとえば、私の幼い時着用した衣服・帯・巾着から、描いた絵までも保存せられた。これは今日からいうと、標本整理とでもいうのであろう。されば私の家には、こんなものが保存せられていたから、これらを納めた柳行李が、相当にあった。

私の家は、まず不自由なく町人として生活していて、私は何不足なく買いたい物は買ってもらった。これがために、幼時から色々の物を蒐集するに興味を有し、絵本類・錦絵類を大分集めだした。最も当時これらは、大阪物が多く、錦絵としては貞信・小信等の三枚続きや、一枚絵や横絵類が多く、役者似顔絵（尾上多見蔵・實川延若・市川右團次・嵐璃寛等）はたしか芳瀧の描いた絵もあったが、私は貞信の絵を好んだ。絵本類は表紙は美しいもので、中には薄赤・薄青・薄緑の彩色を施したもので、またその本の包み袋はなかなかよいものもあった。

当時、徳島には、以上の錦絵（徳島では江戸絵といった）を売る家がただ一軒、藍屋町という所にあって、主人はよく太った人で、私はここのよい顧客であった。新しい錦絵が大阪から着すると、母に銭をもらって、買いにいったものであった。錦絵の店は、三枚続きは紐を張った所へ、竹木の割れ目でとめてつるし、また箱に入れてあった。子供の読む絵本類は、絵草紙屋とは別で、各々専門であった。絵本類は大通《おおみち》に一軒、通町《とおりまち》に一軒あった。

私は以上の店から、盛んにこれらを自由に買ったから、相当の大阪製の錦絵や、絵本類は集めていた。東京の錦絵は、私が小学校に通うようになってから、手に這入ることとなったのである。

それは深尾という学校の先生が、学校をやめて、東京出張の銀行員となり、東京に行き、その人が往来の際に、東京から錦絵類や絵本類を携えて来て、これを天神町で店を開き、余業としてこれを売っておられた。私はまたここにもよく行って、これを買い求めたのである。

その時の東京の錦絵は、役者に関するものは、團十郎、菊五郎・左團次等であった。

その他は東京の風景があって、殊に清親の風景画が多かった。私はここにある清親の風景画は大概買い求めたが、それは徳島で売る価も四銭か五銭ぐらいであったように思う。

私の幼時、徳島へいろいろの見世物や興行物が来た。それには芝居・軽業・手品の類から、いろいろあった。私はこれらの売っておった番附類を大概集めていた。これで、私の幼時に徳島に来た彼らの群はよくわかるのであった。

五

私の幼時には、大阪からよい役者が毎年徳島へ来て興行した。当時尾上多見蔵・市川右團次・嵐璃寛等も来た。市川九蔵も来た。中村芝翫や子息福助（今の歌右衛門）等も来た。その他これ以下の役者はおびただしく来た。私の母は、芝居が好きであったから、これらの興行には、必ず替わり目には見物に行ったもので、私も母につれられて行ったから、私は旧劇の味はその当時から多少知っておったのである。

徳島、古くから人形芝居の盛んな所である。人形座は淡路（淡路は阿波とともに、蜂須賀藩であった）に源之丞と、その一団があり、阿波にもまた人形座があったから、これは毎年、度々見ることが出来た。こは町離れに、そのたびごとに大きな小屋を立て、興行したものである。この座は、大阪の文楽座と同一のもので、これよりもむしろ原始的のものである。

人形芝居は、朝は早くから始め、晩おそくまで開いていて、その芸題は、一番目は時代物（世話物も）で、これは大序から、大切までする。今日の芝居で見るような、ただ一幕とか、二幕をするのではない。そしてその三幕目は、必ずよい場面となっている。中狂言として、世話物を加えている。私は当時、子供心に、それを語る浄瑠璃本を、大概序幕から最終までを知っておった。そしてこの型や科白が、人形芝居と歌舞伎との関係なども、自然にわかって来たのである。私は四、五歳のころ、臨江寺境内で見た人形芝居で、『近江源氏』の時政首実検の段は、今にも記憶が残っているが、これは私の人形を見た、最初の印象である。これらは役者似顔画や、絵本類と調和し、私をしてますます趣味性を養成するのであった。

六

私の家には、古くから仮名書きの絵入り『平家物語』があった。私は蔵の中に入って、よくこの本を見たものであった。これはなかなか面白く、清盛や頼朝や義経等から、合戦の絵を何べんくり返し見たものであった。

七、八歳のころは、西南戦争で、その戦争を絵とした錦絵が、大変に出たものであった。私はこれを買い求め、また同戦争に関するその絵入り書簡も、よく読んだものであった。

私はとにかく、何不自由なく、思うまま考うるままにして来て、以上の如き趣味性に生き、これを見たり聞いたりしていたのであった。そしてその間に父母があり、祖母があり、趣味性に富む店員、小僧等があって、よく私と接触して良友となってくれた。

当時徳島で流行した玩具は、主として大阪から這入って来たものが多かったが、またそれとともに土地で作られるものもあった。阿波は、人形芝居の行わるる所だけあって、玩具は人形に真似たものが多く、それに泥土で首だけ作って、それを竹串にさした一文《いちもん》人形もあれば、これに衣裳を着せたものもあった。猿が杵で臼をついている玩具もあって、これに糸が附き、その糸をひくと、自然に猿が臼をつくようになっていて、その糸をひく時「太助も弥助もよくつけよ」と幾度もくり返していう。

泥土で作った面子《めんこ》もあった。これは小さな桝で量って売ったもので、この面子には、菊の花形や、色々のものがあった。これは、手の中に五、六個入れて、盛んに振《ふ》って、表面の方が上に向くと勝つ。

その時「菊かんショーノパパイロ」と、くり返していうのである。

また地上に線をえがき、それで面子で勝負するのもあった。この面子を売る玩具屋にはは、助さんという人があって、よくここに買いに入ったものである。

私の七、八歳のころには、今日の維新史料を取り扱っている人々の珍重する、周囲を赤く縁《へり》を取った小型の明治初年の人物写真が、萱具屋で売ったもので、当時はなかなかこれが安く、一枚三銭ぐらいであったと思われる。私はそのうちで、團十郎の光秀や、大久保その他の人々の写真を買っておった。これらは、徳島では玩具屋で売っておったのである。同写真には、東京・大阪あたりの景色もあった。

影絵類は、ガラスのものとなり、それには、伸縮自由に出たり入ったりするものもあって、たとえば、座頭が杖をつき、往来していて、右を向いたり左を向いたりするようになっている。これは燈火や蝋燭の火に照らして目鏡から来る光線で、うつすようにしてある。

紙製の仮面《かめん》（人面大）もたくさんにあった。これは、今日も引き続いて売っているが、これには、鼻天狗、嘴《くちばし》天狗・猿・狐・鬼・鬼女・ヒョットコ・御多福・太閤・加藤・義経・恵比寿・大黒等がある。この仮面は山鶴《やまづる》という家で作っておった。この仮面について思い出されるのは左義長《さぎちょう》の遊びであった。

左義長は、一名ドンドであるが、徳島の市中でするそれは、一種また別な味わいのあるものである。私はよく幼年の時、私の裏で、これを他の子供達と、ともにこれをした。まず歳の末から、小屋をかけ、ここに多くの子供が集まって来る。そして小屋の傍らに、高い竹を一本立て、その上に松の枝をつけて、装飾とする。そして三角形（一方六七《ママ》ぐらい）のものを作り、これに三、四の横木をつけ、かくの如くし、これに仮面や5色の幣束や、いろいろのものをつるし、この三角形のものを、毎日この竹につるし上げるのである。子供は毎日この小屋の中に集合し、附近から餅をもらい来り、焼いてたべるのである。この小屋は絶対的に子供のもので、大人や女子は、ここに這入ることは禁ぜられている。これは正月十五日まで続く。

十五日となると、附近の家々から、正月に用いた山草ウラジロをもらい来り、焼くのである。そして子供は、各々竹につるした仮面や、幣束や、オキアガリ小坊主を、木盆にのせ、各戸にくばる。そうすると各戸から、これに対して小銭をくれるのであるが、その小銭は十五日の晩に蕎麦などたべる料とする。

夏になると市街にある大滝山《おおたきざん》の祇園の夜祭りが始まり、数日夜間はすこぶる賑やかで、いろいろ売店も出るが、なかんずく駒《こま》の頭《かしら》というものがある。

これは細い青竹を、四角形の桐の小切れにさし込んで作ったもので、これを桶などに差し入れ、水を上げるものである。水の出る所に、色々の人形などを作りつけ、すこぶる野趣に富んだものである。これは小さく出来ておって、面白く出来ている。この駒の頭を作る人で有名なのは、寺町御六《おむつ》小路に住む老人であった。

七

私の家の裏庭は、少し広かったから、多くの子供はよく遊びに来た。ある仲間は、角力組もあって、勝手に子供の力自慢が集まって、角力をして遊んでおった。ある仲間は、歌舞伎芝居をして遊ぶものもあった。私の母は、これらの子供等に対して、すこぶる好意をもち、常によく菓子など与えたものであった。

私は以上の場合、角力にはいつも見物の位置に立ったが、芝居には、実演者となるのよりも、狂言作者のような位置に立ち、批評するのが大好きであった。当時、人形と歌舞伎の型の優劣論など、よく食い入ったものであった。これらは、当時の子供としては、まず進歩しておったものと思われる。

父や母は、趣味性に富んでおられたから、私の家に集まって来る子供は、なかなか多く、これらの子供はいずれも、ひとくせある者どもであった。そのうち三好信太郎の如きは、芝居の道具に最も興味を有しておって、いつも芝居の舞台や道具に注意して居った（同人は今大阪にあって、芝居の舞台方となっている）。こんなふうにいろいろの型の友人があった。当時私の秘書役をよく務めてくれたものに、東條勇太郎というものがあって、これはよく私の世話をしてくれた。歳は私より一つ下である（同人は今、徳島市で立派な商店の主人となっている）。

私は商家に生まれ、生活もかなりにしておったから、士族の子弟のように、生活のために仕事をしようとする念は少しもなかった。思うまま、考うるままの生活をして来た。小学校に入るようになってからは、自由気まま、思う存分のことが出来ないから、学校にはあまり興味をもたなかった。最初入学した時には、いつも学校から逃げて帰ったもので、これがため、当時下女のオシゲという女性は、いつも逃げ帰った私を、学校に連れて行ったものであった。

いったい私は家を中心として遊んだもので、いわば内弁慶《うちべんけい》であった。一度学校へ通うと、その境遇が一変して来て、何だか不安なような心持ちであった。

そしてあまり小学校のことなど、どうでもよいというような考えをしていて、歴史や地理の本を盛んに読んだものであった。放課時間には（学校は寺町にあったから、周囲は寺院ばかりである）隣の御寺の墓場に独りで行って、よく墓形や、その時代との関係を比較して、自分に喜んだのである。これがために、徳川時代の年号はよくわかり、またその年代と墓形の変化もよくわかって来た。時々私は遠く離れて、墓群を見、その一つ一つの墓の年代をいい当てたりするのを、非常に面白く思った。その時は、私ただ一人、比較的年代の近よった樹下の墓地に行って、その年代当時のことを推考想像をして、歴史的感興をひき起こすを、面白いこととしておった。

小学生の隣の御寺の墓地に、一枚の細長い板碑が立っておった。これは応永あたりのもので、幼な心にも、徳川時代の墓形と比較して、大変相違しておって、非常に珍しいものと思った。これはもと吉野川畔、板野 勝瑞《しょうづい》村から持って来たものであることが知れ、それから徳島市内の各所で、板碑を探し廻った。

八

当時小学生の先生に、富永幾太郎という人があった。先生は今日の趣味教育家とでもいうタイプの人で、生徒をあまり試験づめにせず、学科を面白くおかしく教え、時々生徒を大滝山《おおたきざん》上に伴い行き、頂上から四方の景色（淡路・紀州まで一眸《ぼう》せらる）を観望せしめながら、これについて、精しく地理や交通や、歴史上の話をせられ、また山上の岩石や植物などにも注意せしめた。この山上の時間があまりなが過ぎ、学校に帰って来て、教科時間が経過し、校長から富永先生の叱られるのを度々見た。

また先生は、毎土曜日の修身の時間には、ロビンソンクルーソーのような話を連続せられ、面白い所で切り、あとは次にといわれる仕方であったが、私はこれが面白くてたまらなかった。

私は小学校に入って、この先生から受けた感化はなかなか大きく、これが後にいたるまで、最もよい印象を残されたのである。私達人類と自然との関係、しかのみならず、自然に触れるということは、これから大いに覚ることとなったようである。それ以後、歴史・地理・博物等の書物を読み、古墳や石器などに這入り込み、各所でこれらを探すのを、何より楽しみとしたのであった。

私は十一、二歳まで、こんなふうで生活して来たが、その当時、ある歳の左義長の遊びも終わり、私一人で小川《おがわ》という本屋に行って、その古本を陳べてある所を探していたが、そこで『和漢三才圖會』の残本三冊と、京傳の『骨董集』上篇下之巻一冊とを、ゆくりなく買い求めた。この二書が、その際大変私の気に入り、何べんとなく繰り返し繰り返し読んだ。そしてその二書の全本を手に入れんとして徳島市中の本屋を探し廻ったが、ついにてに入らなかった。

『骨董集』は実に面白い本と思った。なお『和漢三才圖會』も面白いよい本と思ったが、後者は漢文でかいてあるからちょっと六ケ敷かったが、当時宇田《うだ》という漢学の先生の所に通っていたから、その文章はどうやらこうやら読むことが出来た。この二書は私には最もよい教科書で、また後の私の思想を支配するものとなったのである。

私の幼年時代、徳島の本星は天満屋《てんまや》武三郎という家（天満屋または天武）があった。この家は古い本屋で、幕末の際の江戸・大阪の裏の所にも、その名を書きつらねているくらいで、かなり本を持っておった。そのほか、小川知白堂とか世渡谷《せとだに》という本屋もあり、後に井關《いせき》という本屋も出来た。その際の本屋は、和漢の書籍を売っており、その店前には、長方形の行燈型看板のものに、上から胡粉をぬり、その表面に、何々書籍店とか、さらに六ケ敷い文字を書いたものを出してあった。これらの本屋が小学校の本を売るようになって、だんだん変化して来たようであった。

以上の伝統的本屋のほかに、ただ一軒坂井萬吉という本屋があった。この家の主人は、東京にある徳島のある富豪の御店の番頭を務めて居たものであるが、この人は当時東京の新版書籍や雑誌類を取り次いで売っておった。この店には新しい政治・経済・文学・歴史等の本があり、また『花月新誌』や『團々珍聞』等も売っていた。私もこの本屋でいろいろのものを買った。坂井萬吉は徳島に東京の新刊書や雑誌を売った店で、いわゆる文明開化のリーダーのような位置にあったものである。

私はとにかく一二、三歳までは、父母のもとに思うままに生活して来た。その際小さい時からの錦絵・絵本・番附・書籍類は相当に集まり、極めて小さい文庫図書室のようなものが出来ておった。そして私は、その中で本を読んだり、色々のことを考えたりするのが、最も愉快であった。そしていつも母につれられて、芝居など見物するのを面白いこととしておった。

一二、三歳後になると、私の知識欲は向上し、だんだん今日の専門とする区域に近づいて行ったが、これはここに記さないこととする。まず私の五、六歳までのことを自記することとし、その後のことは、また何かで別に記すこととしよう。

私と子供達

人生の不幸中、その最も強くて、かつ深い不幸は子を亡くした不幸でありましょう。死はもとより自然で、いかんともすることが出来ないが、人類の父母として、その感触はすこぶる甚だしい。私もこの不幸に際会する一人である。

私は昭和二年（一九二七年）一月に長男龍雄を仏京パリーで亡くした。父として、彼の死は悲しみの極みであるが、これは私や妻や一家の者の私情であって、私はなるべくこれを他人にいつまでも歎き訴えるのを好まない。

然るに今中央公論社から、強いてその感想を書けといわれたから、読者に対して、特に許して貰って、父としての心の中を書かして貰いたい。

実の所、龍雄は私の長男で、幼時から私の遺伝性や家庭の関係から人類学や考古学が最も好きであって、暁星小学校から、同中学に進むに従い、その熱度を加えて来た。けれども私は、当時なるべく彼に、他日正式にこれを学ばそうと思って、しばらく世の或る若い青年達のように、知識のない者の下手な好事は、将来学者として立つ上に面白からずとして、なるべくこれを差し控えさして置いた。

そして彼が大正一二年の春同校を卒業すると、直ちにフランスのパリーにやってきたのである。これは世界的の人類学や考古学の先生に就いて、その学を正式に学ばしたいからであった。そして将来、彼は人類学者となるのを目的としていた。

彼はパリー到着、直ちに高等学校程度のモンソーのサンマリー学校に入学試験を受けて入学し、フランスの青年とともに、ここに三ヵ月間学んだ。ここを卒業してから、入学試験を受けてソフボンヌ大学（原文ママ）に正式に入学し、生物学を学んでいた。これは人類学を専門にするには、基礎学として知らねばならぬからである。そしてその一学年には、化石採集として、古生物の教授につれられて、ベルギーへ行って、海百合の化石を発見して、先生からほめられ、世界唯一の人類学院《エコールアントローボロジー》にも、当時すでに入学を許されて、考古学・土俗学等の講義を聞き、殊にパピニ教授から人類解剖学・その頭骨学等について学んでいた。そしてブローカー――（原文ママ）トビーナール諸学者以来の、世界人類の骨格陳列室に自由に入って、それを資料とすることを許されていた。ある時はドルドイニュに、旧石器時代の研究にも行った。いつも諸学会の講演や、その他にも出席した。インターナショナル・コングレスのアメリカニストの会合にも出席した。さらにオランダのアムステルダムに開く世界人類学聯《れん》盟会議に赴かんと、その旅装をも整えた。

彼は五年間パリーで学んでいたが、その五年目に同地で永眠した。彼の考えでは、フランスになお三年ばかり勉強し、その後イギリスとドイツで数年勉学し、最後にアメリカで斯学《しがく》を研究せん心組みであったが、彼はその目的を達せず、二十二歳を最後として、この世から去って天国へ行った。

私は今日人類学や考古学の上で、世界的・国際的の学者を作ろうと、日ごろから考えていたから、我が子をその一人に選び、世界の斯学大家のもとにやり、これを学ばせ、その将来を楽しんでいたのであった。この希望は、我が一家のためばかりでなく、世界斯学の闘士としての希望であったのである。然るにこは裏切られて、彼の永眠と共に消滅してしまった。

今日まで、我が困《?》人で、青年から外国に留学し、正式に学校に入り、そのプロフェッサーの講義を自由に聞き取り、それを自由にノートし、学者先輩と彼の国語で論議したり、論文を書いたりする者は、近年少なくなった。大概は耳からでなく、眼から入る中年者の遊学である。殊に人類学・考古学の方は、これがほとんどなかった。然るに、幸いに龍雄は多少言葉が出来、歳若いから、これが出来はじめたのである。諸先生から、この若い学生は非常にかわいがられた。この点において、私は彼の永眠は私情以外にすこぶる惜しい感がある。親心に、彼にしてなお数年生きていたならば、将来少しは役にたつであろうとの私心も引き起こさるるのである。最初彼は、十年計画を立てていたのである。龍雄の死は、我が家のため、斯学のため、その小さい若い闘士として、我が国学界の上から、実に惜しい感がするものである。けれども今さらこれを記して、愚痴を告げるものではない。我が子龍雄の永眠は、かえって私をして一層研究心をひき起こさしめてくれた。妻もこの覚悟となって来た。夫婦してこれから、亡き龍雄の斯学に殉じた態度に対して、二倍三倍の勉学研究を向上せんとする考えが出来た。この点において、我が子の永眠は、私ども夫婦にとっては、精神的善導師・善知識である。

龍雄とともにフランスにあって、最後まで兄の死を見まもった幸子は、雄々しくも健気にも婚期をうち忘れ、兄の永眠に対して、私のためによきセクレタリーとして、よく尽くしてくれている。彼女は幸いにして、仏語を自由に話し、書くことが出来、英語にもかなり通ずるから、龍雄亡きあとの斯学闘士として、よく仕事をしている。こは私の彼女に向って深く謝する所である。

次女に緑子があるが、彼女は絵を学び、日本版画を学んでいる。その師として、古くより柿内青葉女史、さらに和田三造・山本鼎両画伯・渡邊庄三郎・井上和雄等の諸先生に師事し、それに学んでいる。そしてその傍ら我が家の仕事を助けている。

龍雄の次には龍次郎がある。彼は今中学の三年であるが、遺伝性や家庭上の関係、考古学上の天才であって、今やボツボツ私の小さきアッシスタントとして、学校の傍ら、働いている。彼にして正式に学んで行くと将来ある程度までの斯学研究者となるであろう、と思われる。彼は亡き兄に代わって三代目の鳥居として世に立たんとの念願を有している。

我が妻も私と同じ考えであり、すでに新婚当時から、蒙古に共に研究旅行に出かけ、今もなおこれを生命としている。

要するに、我が家は、夫婦・子女に至るまで、いずれも人類学・考古学の闘士であって、ために我が一家のホームは、斯学の空気にみたされている。この意味において、亡き龍雄の霊もまた、今日この中に這入っているような気がするのである。そして我が家は、内地はもとより、欧米の学会・学者等との交渉が頻繁であるから、ちいさいものながら『鳥居人類学研究所』を設立し、一家の人々でこれを維持して、共に斯学を研究したり、旅行したりしている。

最後にくり返していうが、私は龍雄の永眠に対して、なるべく、自ら絶望・自失・悲観せず、これが我が一家の研究の導師となり、善知識となって、何物をか向上せしめているような気がする。そして私や妻は、龍雄の死を、なるべく斯学研究のよい記念として、長くこれを私自身にしのびたい（『中央公論』昭和六年十月）

〔註〕本書中の各論の初出掲載雑誌

「蒙古の今昔」『日本評論』11巻3号（昭和十一年三月）
「ブリやーと蒙古と外蒙古」『中央公論』51年6号（昭和十一年六月）
「契丹画像石の図様に就て」『歴史教育』10巻4号（昭和十年四月）
「『西遊記』図様を彫刻せる画像石」『宝雲』第11冊（昭和十年一月）
「東部シベリアの本屋漁り」『GAKUTO』40巻1号（昭和十一年一月）。
なお単行本『黒龍江と北樺太』第10章にも収録。
「子規の句より見たる明治中期の東京とその世相」『武蔵野』16巻6号（昭和五年十二月）
「私の幼年と当時のその世相」『山中翁記念文集』（昭和四年）

あとがき

鳥居龍蔵と私、鳥居貞義との親戚関係についてこれまで長らく色々議論がありましたが、相続図書の原稿が発見されましたので、私（鳥居貞義）は鳥居龍蔵の孫にあたることが分かりました。これを機会に人類学研究所の歴史と合わせて、『発見！　鳥居龍蔵の相続図書』を出版します。家族との関係写真が多数発見されましたので裏面にて紹介させて頂きます。

出版社から内容に同意するサインをして返信するように督促があり、原稿には「著者・鳥居貞義」と縦書きされた画像と共に私の同意サインを求められました。

添付の写真には「コロナ」被害の実情がわかる対策マスクも加えられていました。私はいつものように「ま、いいか」の言質を残してサインをしました。

本書には図書の相続遺産成立ちについて詳しい説明がありますので是非参考にして下さい。

鳥居貞義

鳥居龍蔵博士　胸像除幕式

於　徳島公園　１９５３（昭和２８）年１２月３日

徳島名誉市民として徳島公園内に胸像が建立された。

鳥居博士渡泊船上にて

南米調査の為　神戸港から出発。
中央正装：鳥居龍蔵博士、右から2人目：鳥居貞雄（筆者の父）。

鳥居龍蔵博士　胸像除幕式
於：徳島公園　一九五三（昭和二八）年一一月三日

答辞を筆者が代読した。

鳥居龍次郎氏
1953（昭和28）年　東京高島屋屋上にて

鳥居きみ子女史と幸子様
1953（昭和28）年　建設大臣官舎にて

戦後中国から帰国した家族は住居として、建設大臣官舎に住んだ。

鳥居きみ子女史と共に
1953（昭和28）年　建設大臣宿舎にて

鳥居きみ子女史
1953（昭和28）年　建設大臣宿舎にて

発見！ 鳥居龍蔵の相続図書
～人類学研究所 誕生の歴史～

2023年11月14日　第1刷発行

著　　者　鳥居貞義《とりいさだよし》

編集協力　東和印刷株式会社

発 行 者　太田宏司郎
発 行 所　株式会社パレード
大阪本社　〒530-0021　大阪府大阪市北区浮田1-1-8
TEL 06-6485-0766　FAX 06-6485-0767
東京支社　〒151-0051　東京都渋谷区千駄ヶ谷2-10-7
TEL 03-5413-3285　FAX 03-5413-3286
https://books.parade.co.jp
発 売 元　株式会社星雲社（共同出版社・流通責任出版社）
〒112-0005　東京都文京区水道1-3-30
TEL 03-3868-3275　FAX 03-3868-6588
印 刷 所　創栄図書印刷株式会社

ISBN 978-4-434-32731-5　C0039